Jan Wessel

Long Tail und Amazon

Ein Stück vom Rattenschwanz - Innovative Vertriebsmöglickkeiten im Internet

GRIN Verlag

Bibliografische Information der Deutschen Nationalbibliothek:

Die Deutsche Bibliothek verzeichnet diese Publikation in der Deutschen National-
bibliografie; detaillierte bibliografische Daten sind im Internet über http://dnb.d-
nb.de/ abrufbar.

Impressum:

Copyright © 2009 GRIN Verlag GmbH
Druck und Bindung: Books on Demand GmbH, Norderstedt Germany
ISBN: 978-3-640-83329-0

Dieses Buch bei GRIN:

http://www.grin.com/de/e-book/166629/long-tail-und-amazon

GRIN - Your knowledge has value

Der GRIN Verlag publiziert seit 1998 wissenschaftliche Arbeiten von Studenten, Hochschullehrern und anderen Akademikern als eBook und gedrucktes Buch. Die Verlagswebsite www.grin.com ist die ideale Plattform zur Veröffentlichung von Hausarbeiten, Abschlussarbeiten, wissenschaftlichen Aufsätzen, Dissertationen und Fachbüchern.

Besuchen Sie uns im Internet:

http://www.grin.com/

http://www.facebook.com/grincom

http://www.twitter.com/grin_com

XXXXXXXXXXX

XXXXXXXXXXXXXX
XXXXXXXXXXXXX

Ein Stück vom Rattenschwanz

Eine neue Vertriebspolitik durch innovative IT am Beispiel von Amazon.com

Vorlesung: Informatik und Gesellschaft

Allgemeine Studien

Inhaltsverzeichnis

1. Einleitung

Diese Arbeit soll die Hintergründe eines wesentlich Geschäftsmodells von Internetkaufhäusern beleuchten. Dazu wird in einem ersten Teil die Theorie des *Long Tails (wörtl. Übersetzung: „langer Schwanz" oder besser: „Rattenschwanz"[1])* von Anderson dargestellt werden. Diese Theorie beschreibt ein neuartiges Vertriebskonzept, das vor allem Internetversandhändlern offensteht.

---

[1] http://www.spiegel.de/netzwelt/web/0,1518,447490,00.html

Im zweiten Teil soll dann die Umsetzung dieser Theorie an dem Beispiel des Internetkaufhauses Amazon.com gezeigt werden

2. Der Long Tail

Das Konzept des Long Tails beschreibt, wie der technische Fortschritt zu Kostensenkungen beim Versand und der Präsentation von Gütern führt, welche Verkäufer in die Lage versetzt, auch Produkte gewinnbringend anzubieten, deren Nachfrage geringer ist (sogenannte Nischenprodukte) als bei den stärker nachgefragten Blockbuster-Produkten. Diese Nischenprodukte werden zwar auch weiterhin in geringer Menge umgesetzt, doch die große Anzahl an verschiedenen Produkten und Märkten schafft insgesamt ein Potenzial, dass dem der Märkte für „Hits" zumindest ebenbürtig ist.[2] Die Nachfrage nach Hits besteht weiterhin[3] , „aber sie sind längst nicht mehr der einzige Markt" Diese Vielzahl an Nischenprodukten erschwert aber die Orientierung des Kunden. Aus diesem Grund sind innovative Konzepte bzw. Instrumente nötig, die dem Kunden die Produkte nahe bringen. So können Angebot und Nachfrage aufeinander abgestimmt werden und sind nicht mehr durch Transaktionskosten verzerrt.

3. Traditionelle Unternehmen vs. Internetunternehmen

Analysiert man Verkaufsstatistiken von traditionellen Unternehmen allgemein, so kann man Gemeinsamkeiten erkennen. Nur wenige Produkte werden besonders stark nachgefragt. Dann fällt die Nachfrage stark ab. Irgendwann ist eine Grenze erreicht, an der keine Güter mehr umgesetzt werden. Anderson zeigt nun, dass dieses plötzliche Wegbrechen nicht an der Nachfrage, sondern am Angebot liegt. Mit anderen Worten verläuft die Nachfragekurve auch außerhalb des angebotenen Bereichs (vgl. Abb.1) noch im positiven Bereichs. Es gibt also Güter, die in geringer Stückzahl gekauft werden würden, aber nicht angeboten werden.

---

[2]Anderson S.5
[3]Hauptsächlich aus soziologischen Gründe: Menschen wollen Hits

Abb. 1 Verhalten traditioneller Anbieter

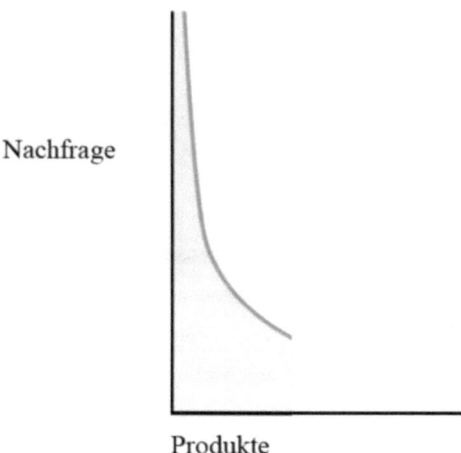

Nachfrage

Produkte

eigene Darstellung

Ausgangspunkt für Andersons Überlegungen war die Beobachtung, dass sich Verkäufer im Internet nicht so verhalten, wie das die klassischen Marketing-Theorien empfehlen. Diese klassischen Theorien beschreiben das Verhalten von traditionellen Ladenverkäufern. Für diese gelten aber andere Voraussetzungen als für Internetverkäufer. So haben sie nur eine begrenzte Fläche zur Verfügung, auf der sie ihre Produkte präsentieren können. Die Regalfläche ist im Einzelhandel der teuerste Kostenfaktor und damit auch der begrenzender Engpass. Deshalb ist sie in der Kalkulation der entscheidende Bestandteil. Die Ware, die auf der begrenzten Fläche angeboten wird, muss möglichst häufig umgeschlagen werden, um den Gewinn zu maximieren. Daher konzentrieren sich die Anbieter auf die Produkte, die besonders beliebt sind, und lassen wenig nachgefragte Produkte aus dem Sortiment.

Dabei ist wichtig, dass Ladenlokale ja nur immer die lokale Nachfrage berücksichtigen können. Auch wenn die Nachfrage insgesamt ausreichen würde, um das Produkt anbieten zu können, ist sie doch so geografisch verstreut, dass sie nicht relevant für den Anbieter ist[4].

Die normale Strategie für die Anbieter wäre also, zu erraten, welche Produkte beliebt sein werden, also massentauglich sind, und nur diese anzubieten, um so teure Ladenhüter zu vermeiden.

Für Internetverkäufer existiert diese Beschränkung jedoch nicht. Die virtuellen Regalplätze sind so billig, dass ihre Kosten praktisch zu vernachlässigen sind. Zu den Kosten der Präsentation im

---

[4]Vgl. Anderson S.31 ff

Netz kommen noch Kosten für die Lagerung, die durch effiziente Großlagerhäuser aber gering sind, und den Versand[5]. Das Angebot kann daher mit minimalen Kosten ausgeweitet und aufrecht erhalten werden. Im Extremfall sind die Produkte der Internetanbieter nicht mehr Sach- sondern digitale Güter, die erst in dem Moment produziert bzw. vervielfältigt werden, in dem sie auch nachgefragt werden (z.B mp3s bei iTunes). Lagerkosten im traditionellen Sinne fallen hier gar nicht mehr an.

Weil die Kosten so gering sind, dehnen die Anbieter ihr Angebot weiter in die Bereiche der weniger nachgefragten Produkte aus, solange diese noch rentabel angeboten werden können. Hybride Einzelhändler, also Internethändler, die Sachgüter verkaufen, können sich auf der Nachfragekurve weiter nach rechts bewegen als herkömmliche Anbieter, allerdings nicht so weit wie Anbieter rein digitaler Produkte. (vgl. Abb.2)

Abb. 2 : Rentabilitätsgrenzen verschiedener Anbieter

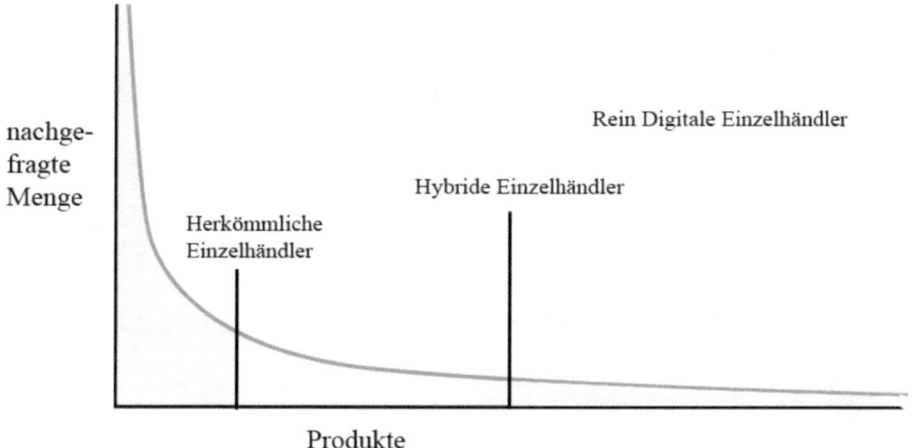

eigene Darstellung nach Anderson S.109

An den Digitalen Anbietern kann man sehen, dass nicht nur die Transaktionskosten, also die Kosten, die während des Übergangs der Produkte von Anbieter zu Nachfrager entstehen, sondern auch die Kosten der Produktion sinken können.

4. Drei Wirkungsmechanismen des Long Tail

Die Entstehung eines Long Tails beruht auf verschiedenen Faktoren. Anderson hat diese zu drei

---

[5]Die Versandkosten sind nicht relevant für die Entscheidung weiter weniger nachgefragte Produkte aufzunehmen, da sie sowohl bei Nischenprodukten als auch bei Hits anfallen. Lediglich für den Vergleich zw. stationären Händlern und Internethändlern sind sie von Bedeutung.

wesentlichen Wirkungsmechanismen gebündelt: Demokratisierung der Produktion, Demokratisierung des Vertriebs und die Verbindung von Angebot und Nachfrage.

4.1 Demokratisierung der Produktion

Der erste Wirkungsfaktor beschreibt, wie durch eine größere Verteilung der Produktionsmittel in der
Bevölkerung ein wesentlich größeres Angebot an Produkten entstehen kann. Bildlich gesprochen
verlängert sich der Long Tail nach außen. Ein besonders effizientes Werkzeug ist natürlich durch die
Verbreitung des Personal Computers entstanden. Der PC kann als Musikstudio, Druckpresse usw.
verwendet werden. Das Beispiel *youtube* zeigt besonders deutlich, wie eine große Zahl
ambitionierter Amateure mit wenigen professionellen Fernsehproduzenten konkurriert[6] (vgl.
Anderson S.69 ff)

4.2 Demokratisierung des Vertriebs

Ein vergrößertes Angebot lässt alleine noch keinen Long Tail entstehen. Den Nachfragern muss die
Möglichkeit gegeben werden, diese zusätzlichen Güter auch erreichen zu können. Die Kosten für
die Verbraucher, diese Güter zu erwerben, muss sinken.[7] Dazu muss die Lieferkette, die hinter den
Nischenprodukten steht, ähnlich effizient werden wie die der örtlichen Verkäufer von Hits. Die
entscheidende Technologie dahinter ist die Verbreitung des Internets in ausreichender Bandbreite.
Die Konsumkosten der Nischenprodukte sinken rapide. Es entstehen Aggregatoren, die das Angebot
bündeln und zur Verfügung stellen. Dadurch, dass der Zugang zu den Nischenprodukten erleichtert
wird, wird der Long Tail breiter. [8]

4.3 Verbindung von Angebot und Nachfrage

Ein erweitertes Angebot steht also einer gestiegenen Nachfrage gegenüber. Angebot und Nachfrage
müssen aber noch verknüpft werden, um einen Long Tail Effekt zu erzielen.
Dazu sind sogenannte Filter notwendig. Unter den Begriff fasst Anderson alles, was die Suchkosten
(Zeitaufwand, Fehlversuche, Verwirrung usw.) der Verbraucher senkt. Dazu zählen beispielsweise
Empfehlungen, Suchfunktionen, personalisierte Werbung usw. Besonders effektiv sind
Empfehlungen von Gleichgestellten (z.B andere Kunden), sogenannte Peer-Recommendations,

---

[6] vgl. Anderson S.69 ff

[7] Anderson S.64

[8] vgl. Anderson S.101 ff

weil denen eine ähnliche Motivation und Glaubwürdigkeit unterstellt wird. Das sorgt dafür, dass der Long Tail überhaupt bestehen bleibt. Ohne die Verknüpfung der Nachfrage mit dem Angebot würden die Konsumenten das Angebot nicht finden und stattdessen weiter Massenprodukte konsumieren. Als Folge davon würde das Angebot an Nischenprodukten absterben. Diese Filter haben langfristig aber noch einen weiteren Effekt. Je weiter die Konsumenten vom Massengeschmack abweichen, desto eher lernen sie Neues kennen und entwickeln ihren eigenen Geschmack. Das führt zu einer Verschiebung der Nachfrage von der Spitze zum Ende. Die Long Tail Kurve dreht sich und wird flacher.[9]

5. Auswirkungen des Long Tails

Fraglich ist, ob durch eine Ausweitung des Angebots mehr Nachfrage gewonnen werden kann oder ob es nur zu einer Verschiebung der Nachfrage von den Blockbusterprodukten zu den Nischenprodukten kommt. Der beobachtbare Effekt ist je nach Markt verschieden:

„Falls der Markt gesättigt ist, führt das Sinken von […] Kosten im Wesentlichen allerdings nur dazu, dass Blockbuster durch Nischenprodukte substituiert werden.[...]In ungesättigten Märkten kann es allerdings auch zu realem Mehrabsatz führen" [10]

Selbst wenn sich die umgesetzte Menge nur verschiebt, kann man argumentieren, dass Kunden Produkte angeboten bekommen, die besser zu ihnen passen und daher auch bereit sind, mehr zu zahlen [11]. In jedem Fall profitiert aber der Käufer von einem größeren Sortiment, wenn es gelingt, die Suchkosten niedrig zu halten, da sie so ihre Bedürfnisse besser befriedigen können. Daher sind Anbieter mit großem Sortiment attraktiver und profitieren so in der Konkurrenz mit anderen Anbietern.

Auf die Beschreibung der Auswirkungen des Long Tails auf Politik und Kultur, die durch die Zersplitterung der Nachfrage entstehen, soll hier verzichtet werden.

6. Amazon und der Long Tail

Die amerikanische Firma Amazon.com Inc betreibt ein Online-Versandhaus mit Ablegern in

---

[9] vgl. Anderson S.117 ff

[10] www.fischmarkt.de

[11] vgl. Anderson S.161

verschiedenen Ländern. Die Firma macht mittlerweile einen Umsatz von 15 Mrd. Dollar (2007) [12] mit dem Verkauf von verschiedensten Produkten von Musik über Haushaltswaren bis hin zu Lebensmitteln. Etwa 25% des Gesamtumsatzes entfallen auf Produkte, die im klassischen Einzelhandel nicht verfügbar sind[13]. Gegründet wurde Amazon im Jahr 1994 von Jeff Bezos als Bücherversand. Deshalb ist der Buchverkauf auch heute noch eine der zentralen Säulen von Amazon. Der Gesamtbestand an verschiedenen Buchtiteln beträgt mittlerweile 3,7 Mio. Stück. Ein großer Buchladen führt im Vergleich dazu höchstens 100000 Bücher. [14]

Jeff Bezos kann daher als der erste Vertreter des Long Tail Konzeptes verstanden werden. [15]

Wie genau das Unternehmen dieses Konzept umsetzt, soll anhand der drei oben beschriebenen Wirkungsfaktoren untersucht werden.

6.1 Demokratisierung der Produktion bei Amazon

Amazon profitiert als Distributionsunternehmen vor allem von der Ausweitung des Angebots an Büchern allgemein. Kein normaler Buchkatalog ist der Lage, die Anzahl an Büchern, die neu entstehen, auch nur halbwegs aufzunehmen. Aber Amazon ist auch selbst in der Produktion tätig. Um noch weitere Kosten zu sparen, geht das Unternehmen dazu über, Produkte erst nach der Bestellung zu produzieren, statt sie verfügbar zu halten. Im Buchbereich verwendet das Unternehmen große Industrielaserdrucker um Bücher im print-on-demand Verfahren zu drucken[16]. Im DVD-Bereich hat Amazon mit dem Unternehmen CustomFlix einen Anbieter gekauft, der DVDs nach Bedarf brennt.[17]

Diese Produkte liegen bis zur Bestellung in rein digitaler Form vor. Weiterhin beginnt Amazon damit, auch rein digitale Güter wie mp3s (nur in den USA: AmazonMP3) und eBooks zu vertreiben. Besondere Beachtung verdient dabei die Verbreitung des elektronischen Lesegeräts Amazon Kindle[18], was die Absatzmöglichkeiten digitaler Güter vervielfachen könnte. Auch wenn diese Verfahren und Güter erst einen kleinen Anteil an den Verkäufen ausmachen, deuten sie doch eine zukünftige Entwicklung an: die Verlängerung des Long Tails nach außen.

---

[12]http://de.wikipedia.org/wiki/Amazon.com

[13] vgl. Anderson S.26

[14] Anderson S.26

[15] Anderson bezeichnet ihn sogar als als Erfinder des Long Tails (vgl. Anderson S.15)

[16] http://www.amazon.de/gp/help/customer/display.html?ie=UTF8&nodeId=200286810

[17] vgl. Anderson S.113

[18] http://de.wikipedia.org/wiki/Amazon_Kindle

6.2 Demokratisierung des Vertriebs bei Amazon

Amazon ist vor allem ein großer Aggregator. Das Unternehmen sorgt für niedrige Kosten des Verkaufes und hält das riesige Angebot stets verfügbar. Die Barrieren, bestimmte Produkte zu kaufen, sind minimal. Die wirtschaftliche Effizienz von Amazon „ergibt sich aus den niedrigen Auslieferungskosten durch zentrale Lager"[19] und der kostengünstigen Präsentation auf der Internetseite.

Amazon verkauft über seine Internetplattform aber nicht nur Produkte auf eigene Rechnung, sondern gibt Internethändlern die Möglichkeit, diese gegen eine Gebühr zu nutzen. Über das „Marktplatz"-Modell, das Amazon wie kein anderer ausgebaut hat (2004 : 100 000 Verkäufer, bis zu 40% des Gesamtumsatzes), wird Amazon zum virtuellen Aggregator und kann das Angebot weiter ausweiten. Da die Partner sich um Versand, Lagerung usw. kümmern, fallen für Amazon nur die (minimalen) Präsentations- und Abrechnungskosten an, wenn das Sortiment in dieser Richtung ergänzt wird.

Um die Konsumkosten weiter zu senken, bietet Amazon vielfältige Kaufanreize wie die Übernahme der Versandkosten für bestimmte Güter (Bücher) und ab einem gewissen Bestellwert an. Außerdem bietet das Unternehmen eine Versandpauschale an, mit der die Kosten einmal jährlich gezahlt werden können

Amazon hat aber nicht nur die finanziellen Kosten für den Erwerb noch gesenkt. Das Unternehmen hat sich im Jahr 1998 die Idee einer One-Click-Bestelltechnik patentieren lassen. Dahinter steht die Idee, Cookies auf den Rechnern der Nutzer zu speichern, um die Bestellung zu vereinfachen. Das Unternehmen versucht dieses Patent auch gerichtlich durchzusetzen, um sich diesen Wettbewerbsvorteil gegen die Konkurrenz zu bewahren.[20]

Auch verschiedene variable Bezahlmodelle lassen die Konsumkosten sinken.

6.3 Verbindung von Angebot und Nachfrage bei Amazon

Besondere Bedeutung bei Amazon hat die Implementierung von einer großen Anzahl von Filtern, die dem Nutzer eine Orientierung in der Fülle des Angebotes bieten. Amazon setzt dabei sowohl auf algorithmische Systeme als auch auf soziale Interaktionen.

Bei den algorithmischen Systemen setzt Amazon auf eine Weiterentwicklung eines

---

[19] Anderson S.107

[20] Zur Kritik an diesen Trivialpatenten und dem siehe u.a. www.computerbase.de/lexikon/Trivialpatent und http://www.heise.de/newsticker/Amazon-com-haelt-am-1-Click-Patent-fest--/meldung/86997

gemeinschaftsbasierten Systems, das sogenannte „Item-to-Item Collaborative Filtering" [21]. Dabei werden Ähnlichkeiten zwischen gekauften bzw. gesuchten Artikeln und empfohlenen Artikeln anhand der Häufigkeit, in der diese Artikel zusammen von den Nutzern gekauft wurden, festgelegt. Amazon weiß dabei aber nur, was bei Amazon gekauft wurde, nicht was davon wirklich konsumiert wurde, wie das beim Musikanbieter *Last.fm* etwa der Fall ist.

Im einzelnen sind dies: „Persönliche Empfehlungen", „Topseller", „Kaufen sie Artikel x und Artikel y für zusammen…", „Kunden, die Artikel x gekauft haben, haben auch Artikel y gekauft", „Kunden kauften auch diese Produkte".

Aus Sicht des Long Tail Konzeptes ist hierbei problematisch, dass es bei gemeinschaftsbasierten Systemen zum Popularitäts-Bias kommen kann, das heißt, dass beliebte Artikel stärker empfohlen werden. Das schränkt natürlich die Nachfrageverteilung im Long Tail ein.

Zu den sozialen Systemen oder Peer Recommendations wird hier alles gezählt, was die Kommunikation über Produkte zwischen den Kunden ermöglicht. Dazu zählen vor allem die Kundenrezensionen, mit deren Hilfe gekaufte Produkte bewertet und kommentiert werden können. Wie wichtig diese Kundenrezensionen mittlerweile für den Produkterfolg sind, kann man an den Manipulationsversuchen einiger Hersteller (z.B. Belinea) sehen.

Daneben gibt es die Möglichkeit, eigene (Rang-)Listen von Produkten anzulegen, die man besonders empfehlen will. Diese Listen können auch zu bestimmten Themenbereichen angelegt werden.

Eine neue Erweiterung ist die Internetseite Amapedia (z.Z nur in den USA), auf der nach dem wiki-Prinzip Kunden Informationen zu Produkten bereitstellen können.

Auch zu den sozialen Systemen soll hier das Amazon Partner Programm gezählt werden. Durch das Partnerprogramm wird es möglich, auf eigenen Websites Werbung für bestimmte Produkte bei Amazon zu machen und davon finanziell zu profitieren. [22]

Auf die Kritik an diesen Filtern, die zum Funktionieren extreme Mengen an sensiblen Daten speichern müssen und so eine Gefahr für den Datenschutz darstellen, kann hier auf Grund der Kürze der Arbeit nicht weiter eingegangen werden.

---

[21] Uni Saarland: http://iwblog.vili.de/2007/03/12/peer-recommendations/

[22] https://partnernet.amazon.de/gp/associates/promo/buildlinks.html

7. Fazit:

Das Konzept des Long Tails beschreibt, wie sich im Internet mit Nischenprodukten Geld verdienen lässt. Unbestreitbar wird im Internet vieles angeboten und auch nachgefragt, was im lokalen Einzelhandel gar nicht geführt werden kann. Das Unternehmen Amazon profitiert wie kein anderes von dieser Entwicklung. Vor allem darf bei aller Kritik an dem Unternehmen und dem Einsatz von Filter-Technologie nicht vergessen werden, in welchem Maßstab auch die Kunden davon profitieren. Besonders belegen lässt sich dass am Buchversand in Deutschland, wo aufgrund der Preisbindung für Bücher kein Wettbewerb über den Preis geschehen kann, sondern die Kunden nur nach dem Nutzen des Verkaufsvorgangs entscheiden. Und dazu gehört auch das große und leicht zugängliche Sortiment an Nischenprodukten. Fortschritte in der IT verändern so unsere Konsumgewohnheiten und tragen zu einem Nutzenzuwachs bei.

Literatur:

Anderson(2007): The Long Tail - Der lange Schwanz: Nischenprodukte statt Massenmarkt - Das Geschäft der Zukunft
Alby (2008): Web 2.0
Spector (2000): The Amazon.com

Internetadressen:

Amazon.com

fischmarkt Blog:
    http://www.fischmarkt.de/2008/01/long_tail_und_die_kosten_fur_vollautomat.html

Spiegel.de : http://www.spiegel.de/netzwelt/web/0,1518,447490,00.html

Universität des Saarlandes :http://iwblog.vili.de/2007/03/12/peer-recommendations/

Wikipedia: long tail; amazon.com; kindle;

wired magazin: http://www.wired.com/wired/archive/12.10/tail.html